Les Danaïdes Tragédie

Y.th
23396

LES DANAIDES,

TRAGÉDIE-LYRIQUE,

EN CINQ ACTES,

Représentée pour la premiere fois, sur le Théatre de l'Académie Royale de Musique, le lundi 19 Avril 1784.

Le Poëme est de M***.

La Musique de MM. le Chevalier GLUCK & SALIERI, Maître de la Musique de la Chambre de Sa Majesté l'Empereur, & des Spectacles de la Cour de Vienne.

A PARIS,

Chez DIDOT l'aîné, Imprimeur & Libraire, Rue Pavée.

M. DCC. LXXXIV.

AVERTISSEMENT.

Aprés les succès nombreux & mérités que le Sujet des Danaïdes a obtenus sur nos différents Théâtres, nous n'aurions pas osé le faire reparaître sur celui de l'Opéra, si nous n'avions pas imaginé de l'y montrer sous une forme nouvelle. Si le public juge qu'à cet égard notre Poëme a quelque mérite, nous aimons à déclarer ici que ce mérite ne nous appartient pas tout entier.

On nous a communiqué un manuscrit de M. de Calzabiggi, Auteur de l'Orphée & de l'Alceste Italiens, dont nous nous sommes beaucoup aidés. Nous avons emprunté quelques idées du Ballet des Danaïdes du célèbre M. Noverre, ce moderne rival des Batilles & des Pilades; nous y avons joint les nôtres, & du tout nous avons composé notre plan.

Un de nos amis, que sa famille nous a défendu de nommer, a bien voulu, pour accélérer l'ouvrage, mettre en vers une partie de notre composition, & ce n'est pas certainement celle dont le style paraîtra le plus négligé. La mort vient de nous enlever cet excellent homme connu par plusieurs Ouvrages en prose & en vers, également estimés : il était aussi recommandable par ses vertus sociables, son mérite militaire, & sa haute naissance, que par son esprit & ses talents littéraires. Qu'il soit permis à notre amitié de saisir cette occasion de rendre à sa mémoire ce juste tribut d'éloges.

ACTEURS.

DANUS, Roi d'Argos. — M. l'Arrivée.
HYPERMNESTRE, Fille de Danaus. — Mme. St. Huberth.
LINCÉE, Fils d'Egyptus. — M. l'Ainé.

Filles de DANAUS.   Fils d'EGYPTUS.
Mesdemoiselles.   Messieurs.

Filles de DANAUS	Fils d'EGYPTUS
Guimard.	Nivelon.
Buret.	Chardiny.
Dorlay.	Gardel.
Joinville.	Dufresnay.
Deligny.	Favre.
Gavaudan, l'ainée.	Martin, l'ainé.
Zacharie.	Huart.
Audinot.	Larlat.
Perignon.	Lefevre.
Gavaudan, cadette.	Martin, cadet.
Coulon.	Frédéric.
Chateauvieux.	Legrand.
Crépeau.	Dequeville.
Castello.	Poussez.
Garnier.	Quainel.
Girardin.	Rez.
Bigotiny.	Abraham.
Thaunat.	Capoix.
Courtois.	Simonet.
Dubuisson.	Valon.
Siville.	Lebel.
Garrus.	Jaliott.
Simon.	Poisson.
Rouxelin.	Renaud.
B....	Coindé.
Charmoy.	Dauville.
Darcy.	Jolly.
Leclerc.	Moulin.
Camille.	Milon.
Desrosieres.	Jalaguier.
Barré.	Rivet.
D'Hauterive.	Delboy.
Joséphine.	Duchesne.
Launer.	Debairek.
Macker.	Tacusset.
	Leroux, l'ainé.
	Delory.
	Fagnan.
	Leroux, cadet.

CAPITAINE des Gardes de DANAUS.
M. Moreau.
Trois OFFICIERS des Gardes de DANAUS.
Mrs. Chardiny, Dufresnay, Rousseau.
Gardes. Guerriers. Peuples. Démons.
La Scene est dans Argos.

PERSONNAGES DANSANTS.

Filles de DANAUS.	Fils d'EGYPTUS.
Mesdemoiselles.	Messieurs.
GUIMARD.	NIVELON.
DOLAY.	GARDEL.
DORIVAL.	FAVRE.
PERIGNON.	LEFEVRE.
COULON.	FRÉDÉRIC.
DELIGNY.	HUART.
CREPEAU.	DEGUEVILLE.
ADÉLAIDE.	QUENEL.
Bigotiny.	Abraham.
Courtois.	Simonet.
Siville.	Le Bel.
Bourgeois.	Poinon.
Darcy.	Coindé.
Camille.	Joly.
Barré.	Milon.
Simon.	Rivet.

DEMONS.

Mrs. Simonet, Degueville, Milon, Poinon, Coindé; Joly, Rivet, Deschamps, Duchesne, Largilliere, Le Breton, Francisque.

LES DANAIDES,
TRAGÉDIE-LYRIQUE.

ACTE PREMIER.

Le Théâtre représente le bord de la Mer, un Temple, les préparatifs de sermens de la Paix & de l'hymen ; les Fils d'Egyptus descendent de leurs Vaisseaux.

SCENE PREMIERE.

DANAUS, HYPERMNESTRE, LINCÉE, les Freres de Lincée, les DANAIDES, Peuple & Sacrificateurs.

DANAUS.

Toi par qui, sans terreur, on n'oserait jurer,
O Junon ! puissante Déesse !
Reçois la sainte promesse
Que ma bouche va proférer.

LINCÉE.

Reine des Dieux, écoute, & puissé-je expirer,
Si je trahissais ma pensée !

DANAUS.

Citoyens rassemblés sous ses yeux protecteurs.

LINCÉE.

Vous Peuples & Sacrificateurs,

A 2

DANAUS.
De Danaus,
LINCÉE.
Et de Lincée
TOUS DEUX.
Entendez les sermens !
DANAUS.
Au pied de ces Autels,
LINCÉE.
Et devant les immortels,
DANAUS.
Je jure pour moi, pour mes filles,
LINCÉE.
Pour mon pere & ses fils, par les mêmes sermens.
(*Ils mettent la main sur l'Autel.*)
ENSEMBLE.
Je promets d'étouffer tous les ressentimens
Qui divisaient nos deux familles.
LE CHŒUR.
O jour de paix ! ô jour heureux !
Vous avez rempli tous nos vœux.
DANAUS.
Si l'un de nous osait violer sa promesse !
ENSEMBLE.
Ciel ! désigne-le par tes coups,
Et de son châtiment épouvante la Grece !
DANAUS, LINCÉE & LE CHŒUR.
Que ta foudre vengeresse
Le sépare d'entre-nous !
LINCÉE & DANAUS.
Sur lui des Dieux du Stix invoquons le courroux.
LE CHŒUR.
De son sort à jamais que tout l'enfer frémisse !
Des coupables fameux que les maux réunis
Se confonde pour son supplice.
Déchaines dans son cœur les serpens d'Erynnis,
Que le remord les y nourrisse !
DANAUS.
Approchez-vous mes chers neveux ;
A ces tendres Epoux donnez la main mes filles ;
Et soyez les liens heureux
Qui réuniront nos familles.
LE CHŒUR.
Descends du Ciel, doux hymenée ;
Descends, la tête couronnée
De fleurs & de myrtes nouveaux.
(*Les Epoux & les Epouses se donnent la main.*)
De nos mains, de nos cœurs ta douce loi dispose :
Etends ton voile de rose,
Et fais briller tes flambeaux.
(*On danse.*)

TRAGEDIE LYRIQUE.

PLANCIPE.

Loin de nous, jalousie affreuse,
Porte ailleurs ton poison cruel ;
Goûtons le charme mutuel
D'une chaîne à jamais heureuse.
Tendre amour, innocente paix,
Que souvent des Cours on exile ;
Que nos lambris soient votre asyle,
Et ne fuyez plus les Palais.

(On danse.)

LE CHŒUR.

Tendre amour, &c.

DANAUS.

Je vois, jeunes Epoux, dans vos yeux satisfaits
De vos premiers transports briller l'impatience ;
Je les contrains par ma présence,
Laissons les éclater en paix.
Belle Hypermnestre, & vous tendre Lincée,
Que j'aime à distinguer dans un moment si doux,
Vous qui d'une ardeur empressée,
Donnez l'exemple à ces heureux Epoux,
Présidez à leurs jeux ; qu'une vive alégresse,
Que les banquets d'hymen couronnent ce beau jour ;
Et bientôt venez dans ma Cour,
De vos freres suivis, goûter la double ivresse,
Et de Bacchus & de l'Amour.
Jouissez du destin propice
Dont l'amour flatte vos desirs.
Sans bruit souvent la mort se glisse,
Et nous frappe au sein des plaisirs.
Chaque instant la fatale barque
Peut nous entraîner sans retour ;
Nul de nous ne sait si la parque
Veut lui filer un autre jour.

(Danaus sort.)

SCENE II.

Les Mêmes, excepté DANAUS.

LINCÉE.

Hypermnestre !

HYPERMNESTRE.

Lincée !

LINCÉE.

Objet de ma tendresse !

HYPERMNESTRE.

Cher Epoux, je suis donc à toi.

(Elle lui donne la main.)

LES DANAIDES.
LINCÉE.
Ta main, cette main que je presse,
Cette main charmante est à moi.
HYPERMNESTRE.
O nœuds inespérés !
LINCÉE.
O félicité pure !
N'est-ce point de mes sens une charmante erreur ?
HYPERMNESTRE.
Non, non, que ton cœur se rassure,
Les sermens de l'hymen confirment ton bonheur.
LINCÉE.
Pourroit-on dans un mensonge
Goûter des biens si parfaits ?
HYPERMNESTRE.
Cher Epoux, si c'est un songe,
Qu'il ne finisse jamais !
LINCÉE.
Quoi ! ton pere & le mien avaient connu la haine !
Et le plus tendre amour unissoit nos deux cœurs !
HYPERMNESTRE.
Que leurs inimitiés m'ont fait verser des pleurs !
LINCÉE.
Oublions tous ces jours de peine.
L'Amour à jamais nous enchaîne ;
Rien ne peut rompre un nœud si fort.
HYPERMNESTRE.
Cher Epoux, non, rien que la mort.
ENSEMBLE.
Est-il au Ciel un plus beau sort !
L'Amour à jamais nous enchaîne.
Vous qui de notre ame attendrie,
Formâtes l'accord enchanteur,
Dieux ! auriez-vous la barbarie
De nous ôter tant de bonheur !
LE CHŒUR.
Descends des Cieux, doux hyménée ;
Descends la tête couronnée
De fleurs & de myrtes nouveaux ;
De nos mains, de nos cœurs, ta douce loi dispose ;
Etends ton voile de rose,
Et fais briller tes flambeaux.

(On danse.)

Fin du premier Acte.

ACTE

TRAGEDIE-LYRIQUE.

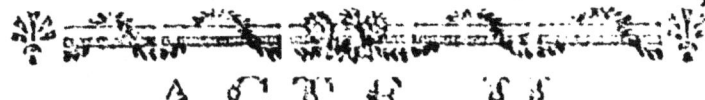

ACTE II.

Le Théatre représente un lieu souterrain du Palais consacré à Némésis ; la Statue de la Déesse est au milieu : au-devant est un Autel.

SCENE PREMIERE.

DANAUS, les DANAIDES.

les DANAIDES.

Où sommes-nous ! quel spectacle d'horreur !

DANAUS.

Mes filles, il est tems de vous ouvrir mon cœur,
Et de vous révéler un effrayant mystere,
Que jusqu'à ce moment ma bouche a dû vous taire.
Vous voyez Némésis dont l'équité sévere
Venge les attentats. Dès long-tems mon courroux
      Lui dévoua le pere
      De vos nouveaux Epoux.

Les DANAIDES.

Votre frere cruel !

DANAUS.

    Lui-même.

HYPERMNESTRE.

    Je frissonne !

DANAUS.

Ce juste sentiment n'a rien qui vous étonne,
    Mes filles, aucunes de vous
N'ignore qu'Egyptus m'a chassé de mon trône ;
Qu'il ordonna ma mort, qu'il nous fallut long-tems
Traîner dans cent climats une misere affreuse,
Implorant des mortels la pitié dédaigneuse,
    Et des Dieux les secours trop lents.

Les DANAIDES.

A quels maux nous livra sa cruelle poursuite,
Jusqu'au jour où le Ciel touché de nos malheurs,
Eut dans les murs d'Argos terminé notre fuite,
Et du bandeau royal eut essuyé vos pleurs !

HYPERMNESTRE.

Quelle horreur je prévois !

DANAUS.

      La fin de nos malheurs
N'a fait que le résoudre à hâter votre perte.
Il cache ses desseins sous des voiles trompeurs.

B

N'osant plus contre nous les suivre à force ouverte.
PLANCIPPE.
Ces sermens,
DANAUS.
Ils couvraient les pièges de la mort.
Les DANAIDES.
Justes Dieux!
DANAUS.
Frémissez du sort qu'il vous apprête ;
Par les mains de ses fils qu'il charge de ses coups,
Il veut de votre hymen ensanglanter la fête,
Et nous devons périr des mains de vos époux !
Les DANAIDES.
Le barbare! & des Dieux la longue patience
L'épargnerait encor!
DANAUS.
Mes filles, il est tems
D'égaler au forfait mon affreuse vengeance,
Et c'est de vous que je l'attends.
Par un serment épouvantable,
Jurez à Nemesis, sur cet Autel vengeur,
De servir ma haine implacable
Contre mon perfide oppresseur.
Les DANAIDES.
Divinité de sang avide,
O toi! dont la haine homicide
Poursuit les crimes des humains,
Notre aveugle obéissance
Te consacre la vengeance
Qu'un pere remet en nos mains!
HYPERMNESTRE, *bas*.
Détestable serment! coupable obéissance!
DANAUS, *découvrant le voile qui cache un faisceau de poignards.*
Saisissez ces poignards, cachez-les dans vos seins.
La nuit va sur ses murs jeter son voile sombre ;
L'heure du silence & de l'ombre,
Près de vous va guider leurs pas.
Accueillez les cruels, avec un souris tendre ;
Et quand l'heureux signal se fera fait entendre,
Dans leurs flancs portez le trépas.
Je vous vois frémir de colere,
Elle étincelle dans vos yeux ;
Vengez-vous, vengez votre pere.
Vengez la Nature & les Dieux ;
Punissez d'un coup légitime
Leur impitoyable fureur:
On a déja commis le crime,
Quand il est conçu dans le cœur.

Les DANAIDES *furieuses, entourant la Statue.*
Oui, qu'aux flambeaux des Euménides,
L'hymen allume ses flambeaux :
Frappons, frappons ces cœurs perfides,
Et que les lits d'hymen leur servent de tombeaux.

SCENE II.
DANAUS, HYPERMNESTRE.

DANAUS *arrêtant Hypermnestre qui veut sortir avec ses Sœurs.*

Quand tes sœurs ont juré de servir ma vengeance,
Je t'observais, tu gardais le silence.

HYPERMNESTRE.
Mes sœurs, je les déteste, elles me font horreur.

DANAUS.
Perfide que dis-tu ?

HYPERMNESTRE.
Quel comble de noirceur !
Aux fils de votre frere unir nos destinées,
Enfoncer par nos mains le couteau dans leurs flancs,
Et des flambeaux de l'hymenée
Eclairer leurs corps expirans !

DANAUS.
Je prends sur moi tout le fardeau du crime.
Ce n'est point à toi de juger
Si ma vengeance est légitime,
Et c'est à toi de me venger.

HYPERMNESTRE.
Lincée a sur l'autel reçu ma foi sacrée ;
Oubliez-vous la paix que vous avez jurée ?

DANAUS.
Vain serment qui me fut dicté,
Arraché par la loi suprême
Qu'imposaient ma vengeance & la nécessité.
Les Dieux savent ;

HYPERMNESTRE.
Le Ciel attesté par vous-même,
Sait la force des miens & leur sincérité.

DANAUS.
Tu pourrais me trahir !

HYPERMNESTRE.
Plutôt mourir sur l'heure ;
Mais pour sauver l'Epoux que mon cœur doit chérir,
Je veux également & dois vouloir mourir.

DANAUS.
Le Ciel l'a condamné, puisque je veux qu'il meure
Veux-tu me livrer à ses coups ?

Veux-tu d'un fol amour me rendre la victime;
A l'auteur de tes jours préférer un Epoux!
HYPERMNESTRE.
Faut-il pour vous aimer ne pas haïr le crime?
DANAUS.
Crains d'attirer sur toi ma haine & mon courroux.
Mon ordre est prononcé, c'est à toi d'y souscrire.
HYPERMNESTRE.
Avez-vous pu me le prescrire ?
Quoi ! vous ordonnez que ma main,
Dans le cœur d'un Epoux plonge un fer assassin!
Vous osez l'ordonner, ah cruel ! ah barbare!
DANAUS.
Perfide !
HYPERMNESTRE.
Pardonnez au trouble qui m'égare...
Par les larmes dont votre fille
Arrose en tremblant votre sein,
Mon pere de votre famille
Ne devenez point l'assassin.
Craignez des Dieux la justice suprême,
Et ne voyez qu'avec horreur
Un forfait que l'enfer lui-même
N'aurait pas conçu sans terreur.
Par les larmes dont votre fille, &c.
DANAUS.
Fille indigne de vivre, & du jour qui t'éclaire,
Tu sais qu'un oracle effrayant,
Menace Danaus de tomber expirant
Sous la fatale main d'un des fils de son frere:
Tu le sais, & tu veux, pour sauver ton amant,
Voir immoler ton pere !
Mais tu le voudras vainement,
Tremble jusqu'à l'heure fixée
Où doit couler le sang du perfide Lincée;
Des regards vigilans, que tu ne verras pas,
Vont assiéger tes pas,
Et pénétrer jusques dans ta pensée!
Si mon secret peut t'échapper
Par un coup d'œil, une parole,
Sur tous deux soudain la mort vole ;
Un même coup va vous frapper.

❀❀❀❀❀❀❀❀❀❀❀❀❀❀❀❀❀❀❀❀❀

SCENE III.

HYPERMNESTRE, *seule*.

Où suis-je ? où suis-je, ô Ciel ! d'où viennent ces ténèbres ?

Les enfers en ces lieux seraient-il transportés !
J'entends autour de moi jeter des cris funebres,
Le sang ruisselle à mes côtés !
Où fuirai-je !... mes pas sont entourés d'abimes.
Un ordre affreux, entre deux crimes,
Me force à choisir en ce jour.
Dois-je étouffer la plainte, ô devoir ! ô nature !
Ou faut-il de mon cœur, repoussant le murmure,
Sacrifier l'innocence & l'amour ?
Faut-il que je découvre un horrible mystere ?
Dans l'ombre du secret dois-je l'ensevelir !
Si je parle, j'immole un pere ;
Si je me tais, mon Epoux va périr !
O foudre du Ciel ! je t'appelle,
Finis mes maux, viens m'embraser.
Qui la retient ! que ne part-elle !
Que tarde-t-elle à m'écraser ?
O cher Epoux !... Pere barbare !...
Mon sang se glace, & ma raison s'égare ;
Mon esprit agité flote en un doute affreux,
Tous mes desseins confus se détruisent entr'eux...
De Danaüs qui peut calmer la rage !
J'ai vu de son œil menaçant,
Partir le signal du carnage.
Il brûle, le cruel, de s'enivrer de sang !
Ah ! mon ame en ses maux de force est dépourvue.
Le monde, ni le Ciel, n'en sont point attendris ;
De mes pleurs supplians ils détournent la vue,
Ils ferment l'oreille à mes cris !
Je me vois sans appui, tout me fuit, m'abandonne ;
La sombre nuit qui m'environne,
Ne découvre à mes yeux que mille objets d'horreur.
O malheureuse ! ô jour de crime & de terreur !
O foudre du Ciel, je t'appelle !
Finis mes maux, viens m'embraser !
Qui la retient ! que ne part-elle !
Que tarde-t-elle à m'écraser !

Fin du second Acte.

ACTE III.

Le Théâtre représente un Jardin orné pour une Fête consacrée à Bacchus & aux Dieux d'hymenée. On y voit ce qui suivoit chez les Anciens le Banquet du soir, au jour des Nôces.

SCENE PREMIERE.

Les DANAIDES, Les EPOUX, DANAUS, HYPERMNESTRE, LINCÉE, ESCLAVES couronnés de fleurs.

ENSEMBLE.

Les DANAIDES.	Les EPOUX.
Célébrons à l'envi cette heureuse alliance, Dont un pere a formé les nœuds ; Répondons toutes à ses vœux, Avec la même ardeur, la même impatience.	Célébrons à l'envi cette heureuse alliance, Dont l'hymen a formé les nœuds ; Dieu d'amour, comble tous nos vœux, Réponds à notre ardeur, à notre impatience.

Les EPOUX.

Dieux, qui formez des cœurs l'aimable intelligence ;
   Présidez seuls à ces beaux nœuds :
   Fuyez à jamais de ces lieux,
Dieux, qui favorisez la haine & la vengeance.
                 (On danse.)

CHŒUR des EPOUSES.

Pour nos devoirs montrons un même zele,
Qu'un même sort unissent nos Epoux ;
Enchaînons-les d'une chaîne éternelle.
  D'un même trait blessons-les tous.
                 (On danse.)

CHŒUR des EPOUX.

Descends dans le sein d'Amphitrite,
Cache tes feux, astre jaloux !
Tendre Phœbé, hâte sa fuite !
Voiles discrets, déployez-vous ;
Que ta carriere soit plus lente,
Nuit favorable à notre ardeur ;
Aurore, sois moins diligente,
Respecte une nuit de bonheur.
                 (On danse.)

TRAGEDIE-LYRIQUE.
DANAUS.
Aux Dieux qui suivent l'hymenée,
Aux Dieux des amours & du vin,
Que de cet heureux jour la fin soit destinée ;
Que la coupe vermeille & de fleurs couronnée,
Brillent & passe de main en main.
(Les Esclaves versent le vin.)
CHŒUR GÉNÉRAL.
L'amour sourit au doux vainqueur du Gange ;
Ses traits les plus heureux, il les tient de sa main ;
Il foule avec lui la vendange,
Et fait couler ses feux dans la pourpre du vin.
Que le plaisir intarissable,
Au sein d'une tranquille paix,
Coule pour nous à jamais
D'une coupe inépuisable !
(Les Epouses assises à côté des nouveaux Epoux, paraissent vouloir les plonger dans une double ivresse, & continuent de leur verser à boire.)
LINCÉE, *présentant la coupe à Hypermnestre.*
Prends ce gage sacré de la main d'un amant.
(Hypermnestre recule d'horreur.)
Hypermnestre !
HYPERMNESTRE.
O terreur !
DANAUS.
Que fais-tu ?
HYPERMNESTRE, *à part.*
C'est du sang
Qu'à mes esprits troublés d'une fête homicide,
Retrace avec horreur cette coupe perfide.
LINCÉE.
Je reste immobile & tremblant !
Suis-je frappé par le tonnerre ?
HYPERMNESTRE, *à part.*
Je crois le voir, ce sang, sous sa main meurtrière ;
Jaillir à grands flots de leurs flancs.
LINCÉE.
Crains-tu de rencontrer les regards de Lincée ?
Ne suis-je plus l'époux que ton cœur a choisi ?
HYPERMNESTRE, *à Lincée.*
Ah ! que ne peux-tu lire au fond de ma pensée ?
DANAUS, *froidement.*
Bannis ta tristesse insensée,
Dont ton cœur me paraît saisi.
LINCÉE.
Douterais-tu de ma tendresse ?
Mon cœur, tu le sais trop, mon cœur est tout à toi.
DANAUS.
Quand tes Sœurs viennent de leur foi

De renouveller la promesse.
Crains-tu de confirmer un saint engagement,
Qui remplit tous mes vœux & ceux de ton amant?

HYERMNESTRE, *à part.*
Grands Dieux! soutenez mon courage!

LINCÉE.
Répands tes douleurs dans mon sein;
Souviens-toi de l'amour, du nœud qui nous engage;

DANAUS.
Que j'ai promis ton cœur, que j'ai donné ta main.

HYPERMNESTRE, *à part.*
Avec tant de sang-froid, ciel quel excès de rage!

LINCÉE.
Rends-moi ton cœur, ta confiance,
Rends-moi ces biens que j'ai perdus;
Tous nos vœux satisfaits d'avance,
L'un par l'autre étaient prévenus.
Avant de rompre le silence,
Nos regards s'étaient entendus.
Rends-moi ton cœur, &c.

HYPERMNESTRE, *à part.*
Mon courage est à bout, je ne puis plus me taire.

DANAUS, *bas à Hypermnestre.*
Si ta bouche trahi le secret de ton pere,
A tous deux à l'instant je vous perce le cœur.

HYPERMNESTRE, *à part.*
Tout mon sang se glace d'horreur,
Ma raison se trouble & s'égare.
Fuyons.

LINCÉE, *l'arrêtant.*
Cruelle! où vas-tu?

HYPERMNESTRE.
Laisse-moi.

LINCÉE.
Tu vois mon trouble affreux, & tu me fuis, barbare!

HYPERMNESTRE, *égarée & s'arrêtant.*
Je te fuirais!

LINCÉE, *à Hypermnestre.*
D'où vient ce trouble & cet effroi?
Quoi! tu fuis mes regards!
(*à Danaus.*)
Ah! Seigneur! ah! mon pere!
Pour la fléchir unissez-vous à moi.

DANAUS.
Dissipe sa frayeur, ma fille, explique-toi.
Pourquoi t'obstiner à te taire?

DANAUS & LINCÉE.
D. Ah! prends pitié de son funeste sort.
L. Ah! prends pitié de mon funeste sort.

HYPERMNESTRE.

TRAGEDIE-LYRIQUE.

HYPERMNESTRE.

Lincée! (*à part.*) ô mortelle contrainte!

LINCÉE.

Qui peut causer ton silence & ta crainte?

DANAUS, *bas à Hypermnestre.*

Si tu dis un mot il est mort.

HYPERMNESTRE.

Mon pere !... mon époux! Dieux! quel affreux martyre!
Cruels ! que voulez-vous de moi?
Ne voyez-vous pas que j'expire
D'amour, de contrainte & d'effroi?
Hélas! mes forces me délaissent,
Mes sanglots tout prêts d'éclater,
Mes larmes, qu'il faut arrêter,
Restent sur mon sein qu'ils oppressent!
Le trouble confus de mes sens
M'empêche de voir & d'entendre ;
Et mon cœur est prêt à se fendre
Par tant d'affreux déchiremens.

(*Elle sort.*)

SCENE II.

LINCÉE, DANAUS, Les DANAIDES, *Les nouveaux Epoux*, PELAGUS, *Gardes*.

LINCÉE, *voulant la suivre.*

Ypermnestre !

DANAUS, *l'arrêtant.*

Où vas-tu ? demeure & sois tranquille.
De ces caprices vains ne sois point effrayé,
Crois en mes soins, crois-en mon amitié:
Je la rendrai bientôt à nos vœux plus docile.
(*à Pélagus bas.*)
Pélagus, cours les épier;
Que ma volonté soit suivie.
Tu me répondras sur ta vie
D'un mot ou d'un regard qu'ils pourraient s'envoyer.
(*Aux nouveaux Epoux.*)
Vous, dont la crainte & la tristesse
Ne troublent point les desirs amoureux,
Amants heureux,
A la félicité qui va combler vos vœux,
Préludez par votre alégresse ;
Allez après ces jeux goûter un si beau sort,
Dans les bras de l'hymen (*à part.*) vous irez à la mort.
(*Il sort avec Lincée.*)

SCENE III.

HYMNE A BACCHUS.

CHŒUR *dansé*.

L'Amour sourit aux doux vainqueurs du Gange.
Ses traits les plus heureux, il les tient de sa main;
Il foule avec lui la vendange,
Et fait couler ses feux dans la pourpre du vin.
Que le plaisir intarissable,
Au sein d'une tranquille paix,
Coule pour nous à jamais
D'une coupe inépuisable.

(*Des Hymens, avec des flambeaux, précèdent chaque couple d'Epoux, que des Génies enchaînent avec des Guirlandes, & paraissent les conduire dans la Chambre Nuptiale.*)

Fin du troisieme Acte.

ACTE IV.

Le Théâtre représente une Galerie qui communique à l'appartement d'Hypermnestre, & à ceux de ses Sœurs.

SCENE PREMIERE.

DANAUS, HYPERMNESTRE.

HYPERMNESTRE.

Ecoutez-moi, mon pere, au nom des Dieux!

DANAUS.

Eh! que peux-tu me dire encore?

HYPERMNESTRE, *à genoux*.

Votre fille vous implore.

DANAUS.

C'est en vain.

HYPERMNESTRE.

Rendez-vous à mes pleurs douloureux.

DANAUS.

Sers ma haine, & remplis mes vœux.

HYPERMNESTRE.

Ne puis-je vous fléchir?

DANAUS.
Bannis-en la pensée.
HYPERMNESTRE.
Vous voulez donc ma mort!
DANAUS.
Non, celle de Lincée;
Et meurs ensuite si tu veux.
HYPERMNESTRE.
Par mille affreux tourmens éprouvez ma constance;
Plutôt que par mes mains il soit sacrifié,
DANAUS.
Son crime par ta mort ne peut être expié.
HYPERMNESTRE.
Au nom sacré de la Nature...
DANAUS.
Nœud frivole, vain préjugé!
HYPERMNESTRE,
Eh! vos sermens...
DANAUS.
Je me suis dégagé
Par un parjure.
(A ses Gardes.)
Gardes je vous commets ma sûreté, mon sort;
De cet appartement environnez la porte,
Ne l'ouvrez qu'à Lincée, & sur-tout qu'il n'en sorte
Que pour recevoir la mort.
HYPERMNESTRE, à genoux.
Eh! quoi! ma priere...
DANAUS.
Elle est vaine.
HYPERMNESTRE.
Votre cœur...
DANAUS.
Il ne peut changer.
HYPERMNESTRE.
Que la pitié succéde à votre haine!
DANAUS.
Ce sentiment m'est étranger.
HYPERMNESTRE.
Mais laissez-vous sans espérance?
DANAUS.
Rien ne peut me faire changer.
HYPERMNESTRE.
Ah! mon pere...
DANAUS.
Sers ma vengeance.
(Il sort.)

SCÈNE II.

HYPERMNESTRE, seule.

LE barbare ! il me fuit ; mes larmes, ma prière,
    Mon désespoir irritent ses fureurs !
Ses Gardes moins cruels, (plus humains que mon pere,)
    Ont été touchés de mes pleurs ;
    De mon époux ils permettent la fuite :
    Ils m'ont juré de protéger ses jours.
A quelle extrémité ma tendresse est réduite !
Je veux, je dois vouloir qu'il parte, qu'il me quitte ;
Qu'il s'éloigne de moi... Peut-être pour toujours ?
Mais comment annoncer au malheureux Lincée,
    Qu'il faut nous séparer ?
Plein du bonheur qu'hymen lui permet d'espérer,
    Il va venir, il lit dans ma pensée...
Je tremble, je frémis de cet affreux forfait,
    Et ! comment lui faire un mystere ?
Pourrai-je lui cacher cet horrible secret,
D'où dépendent ses jours, ou les jours de mon pere ?...
    Vous qui voyez l'excès de ma faiblesse,
Dieux justes, éloignez de ce fatal Palais,
Cet Amant, cet Epoux si cher à ma tendresse,
    Et séparez-nous pour jamais.
    O toi mon unique espérance,
    Fatal objet de tous mes vœux ;
    Cher époux, voit mon sort affreux,
Il me réduit à craindre ta présence.
Dieux ! je le vois.

SCÈNE III.

HYPERMNESTRE, LINCÉE.

LINCÉE, *tombant aux genoux d'Hypermnestre qui est assise.*

Lincée, à tes genoux,
Aux plus tendres transports, peut donc livrer son ame ?
HYPERMNESTRE, *le repoussant doucement.*
Que fais-tu ? laisse-moi.
    LINCÉE.
    Cher objet de ma flâme,
N'écoute que l'amour en des momens si doux.
    HYPERMNESTRE.
Dieu !

TRAGEDIE-LYRIQUE.

LINCÉE.
Que vois-je, des pleurs inondent ton visage !
Tu veux me les cacher, tu détournes les yeux !
(à part.) Ciel que dois-je penser de ce désordre affreux ?

HYPERMNESTRE.
Ah ! cher époux, rappelle ton courage.

LINCÉE, à part.
Qu'entends-je ?

HYPERMNESTRE.
Hélas ! je sens tout le mien expirer.

LINCÉE.
Parle.

HYPERMNESTRE.
Lincée, il faut nous séparer !

LINCÉE.
Nous séparer ! (bas.) quel étrange langage !
(haut.) Qui peut nous imposer cette barbare loi ?

HYPERMNESTRE.
Et l'Enfer & le Ciel, dont je suis poursuivie.

LINCÉE.
Quand ton pere & les Dieux m'ont engagé ta foi,
Et qui pourrait briser le saint nœud qui nous lie ?

HYPERMNESTRE.
(Bas.) Je frémis d'horreur & d'effroi !
(Bas.) Si Danaus parait, c'en est fait de sa vie.
(Haut.) Pars ! ne differes pas, Lincée, éloigne toi.

LINCÉE.
Moi, te quitter !

HYPERMNESTRE.
Pars ! fuis ! je t'en conjure,
Regagne tes vaisseaux.

LINCÉE.
Il faut vous obéir ;
Mais avec votre époux êtes-vous prête à fuir ?

HYPERMNESTRE.
Que ne le puis-je ! hélas !

LINCÉE.
Parjure !
Crois-tu par une feinte ardeur,
En imposer à ma flâme offensée ?
J'ai trop su lire dans ton cœur,
Perfide, tu trahis Lincée!

HYPERMNESTRE.
Qu'entends-je, ô Ciel ! quel soupçon odieux !
Moi le trahir ! vous le savez, grands Dieux !
Cruel !

LINCÉE, appuyé sur la coulisse.
A peine aux autels d'hymenée,
Ses sermens a comblé mes vœux ;
D'une chaîne fortunée,

L'infidelle brise les nœuds.

HYPERMNESTRE.

Injuste Epoux !

LINCÉE.

Que mon sort est affreux !
Des tourments de la jalousie,
Des doux sentiments de l'amour,
Tour-à-tour mon ame est saisie,
Ils me déchirent tour-à-tour.
Je dois la hair ! la cruelle !
Je le dois, & je le voudrais ;
Mais mon cœur malgré moi fidele,
Ne pourra l'oublier jamais.

HYPERMNESTRE.

Ma force m'abandonne, & ma raison s'égare.
Eh, comment soutenir ses soupçons & ses pleurs !
(*Allant à lui.*) Lincée ! eh ! cher Lincée !

LINCÉE.

Eh ! laisse-moi, barbare.

HYPERMNESTRE.

Cruel ! eh bien ! connais tous nos malheurs.

LINCÉE.

Parle.

HYPERMNESTRE, *égarée.*

Vois-tu ce fer... (*à part.*) Ô Ciel qu'allais-je dire !

LINCÉE.

Eh bien ! ce fer.

HYPERMNESTRE.

Oui, ce fer... de ma main...
Que fais-je ? vers mon cœur tout mon sang se retire.

LINCÉE.

Explique-toi.

HYPERMNESTRE.

Si ta flâme jalouse
Ose outrager encor ta malheureuse épouse,
De ce fer à tes yeux je me perce le sein.

LINCÉE *courant à elle, & tombant à ses genoux.*

Justes Dieux ! ah, pardonne au tourment qui m'accable.
Si j'ai mérité ton courroux,
Hypermnestre, pardonne à ton injuste époux ;
L'excès de son amour l'a seule rendu coupable.

HYPERMNESTRE, *le serrant dans ses bras.*

Lincée !
Hélas ! que ne puis-je te suivre
Dans les déserts les plus affreux ?
Près de toi que ne puis-je y vivre !
Ah ! mon sort serait trop heureux.

LINCÉE.

Quelle fatalité cruelle !
Quelle injuste & barbare loi

Peut forcer ton époux fidele
A fuir, à s'éloigner de toi ?
HYPERMNESTRE.
Que ne puis-je parler !
LINCÉE.
Qui te force à te taire ?
Ton silence me désespere.
Ne puis-je pénétrer ?
HYPERMNESTRE.
Non, ne l'espérez pas.
LINCÉE.
Au nom des Dieux !
HYPERMNESTRE, *à part.*
Je tremble, je frissonne.
LINCÉE.
Au nom de notre amour.
HYPERMNESTRE.
Précipite tes pas.
(*à part.*) L'instant approche & la mort l'environne.
(*haut.*) Eloigne-toi.
LINCÉE.
Moi ! que je t'abandonne !
HYPERMNESTRE.
Pars, fuis, arrache-toi de mes trop faibles bras.
LINCÉE.
Eh ! le puis-je !
HYPERMNESTRE.
Il le faut.
LINCÉE.
Hypermnestre l'ordonne.
ENSEMBLE.
Sort cruel ! quelle est ta rigueur !
Quelle est ta barbarie extrême !
Il faudrait aimer comme j'aime,
Pour concevoir l'excès de ma douleur.

SCENE IV.

HYPERMNESTRE, LINCÉE, PELAGUS.

PELAGUS, *entrant avec précipitation.*

Suivez-moi, Prince, à l'instant même
On va donner l'affreux signal.
HYPERMNESTRE, *poussant Lincée hors du Théâtre.*
Fuis, malheureux ! fuis ce palais fatal.
LINCÉE.
Que dites-vous ?

LES DANAIDES,

HYPERMNESTRE.
Tu meurs, si tu différes.

(*On entend le signal.*)

O ciel !

LINCÉE.
Qu'entends-je ?

HYPERMNESTRE.
Fuis ! on égorge tes freres.

LINCÉE.
Mes freres !

HYPERMNESTRE.
Fuis !

LINCÉE.
Je cours les secourir,
Les venger ou périr.

(*Il sort avec Pélagus.*)

SCENE V.

HYPERMNESTRE, *les Epoux qu'on ne voit pas.*

Les EPOUX.
Barbares, tu m'ôtes la vie !

HYPERMNESTRE.
Quels cris affreux ! ô barbare fureur !
O forfaits inouïs ! ah ! fuyons, je me meurs.

(*Elle tombe évanouie.*)

SCENE VI.

Cris des EPOUX.

Arrête, implacable furie,
Cruelle ! quelle barbarie !
Quelle abominable fureur !
Serment affreux ! Nôce infernale !
O jour de sang ! ô nuit fatale !
O forfaits ! ô comble d'horreur !

Fin du quatrieme Acte.

ACTE V.

La même décoration qu'au quatrieme Acte.

SCENE PREMIERE.

HYPERMNESTRE, *égarée.*

Ou vais-je ! où suis-je ! ah ! quel sombre silence
Succede à des cris douloureux !
Lincée, ah ! cher Lincée... ô coupable vengeance !
Lincée... à peine il sort de ces funestes lieux.
Eh ! comment d'un tyran perfide & furieux,
Auroit-il pu tromper la vigilance ?
Les pieges de la mort environnoient ses pas;
C'en est fait... mon époux a subi le trépas:
Du cruel Danaüs la haine est assouvie.
Pere barbare, arrache-moi la vie !
Joins ta Fille à ton gendre, & l'épouse à l'époux.
Dans mon cœur déchiré plonge ta main impie,
Et que j'expire sous tes coups !
(Elle tombe sur un siege.)

SCENE II.

HYPERMNESTRE, DANAUS.

DANUS, *entrant avec violence.*

MA vengeance est-elle remplie ?
Lincée est il mort de ta main ?
Réponds, parle !

HYPERMNESTRE.
Inhumain !
Assouvis dans mon sang toute ta barbarie !

DANAUS, *regardant de tous côtés.*
Pourquoi ne pas offrir à mon œil curieux,
Le corps pâle & sanglant d'un traître que j'abhorre !

HYPERMNESTRE, *se relevant.*
Qu'ai-je entendu... Lincée... il vit encore...
J'ai sauvé mon époux. Je vous rends grace, ô Dieux !

DANAUS, *prenant le poignard qui est resté sur la table.*
Que vois-je ! ma haine est trahie;

LES DANAIDES,

Ce fer n'eſt point enſanglanté.

HYPERMNESTRE.

Oui, j'ai trompé ta cruauté,
Lincée échappe à ta furie.

DANAUS.

Perfide !

HYPERMNESTRE.

Le Ciel juſte aura, grace à mes ſoins,
A punir un forfait de moins.

DANAUS.

Tu vas ſubir la mort la plus affreuſe.

HYPERMNESTRE.

Privez-moi de la vie elle m'eſt odieuſe ;
Vos crimes me la font haïr.

DANAUS.

Qu'on la charge de fers.

HYPERMNESTRE.

Mes mains s'y vont offrir.
J'ai ſauvé mon époux, je brave ta vengeance.

(Elle ſort.)

SCENE III.

DANAUS, GARDES.

Elle n'a pu tromper ma vigilance ;
De ce Palais il n'a pu ſuir :
Elle croit l'y cacher, ſon eſpérance eſt vaine ;
Marchons. Qu'il tombe ſous nos coups.
C'eſt peu de tout le ſang qu'a fait couler ma haine ;
Si celui de Lincée échappe à mon courroux !

(Danaus & ſes Gardes ſortent)

SCENE IV.

(Les Danaides entrent de tous côtés furieuſes, les cheveux épars ; elles ſont couvertes à moitié de peaux de tigres, &c. Les unes tiennent d'une main un tirſe, & de l'autre un poignard enſanglanté. Les autres portent des tambours ſur leſquels elles frappent avec les poignards. D'autres portent des flambeaux allumés.)

Les DANAIDES.

Gloire, Evan, Evoé, Bacchus, ô Dieu puiſſant !
Terrible & bienfaiſant !
C'eſt toi que la Bacchante appelle !
Le Citheron s'ébranle à ſes cris furieux ;
Dans ſa main le fer étincelle,

La mort suit l'éclair de ses yeux.
(*Pantomime.*)

PLANCIPE.

O Bacchus, Evoé, celles dont ton ivresse,
Dont tes fureurs brûlent le sein,
D'une indigne pitié surmonte la faiblesse,
Elles n'ont plus rien d'humain.

Les DANAIDES.

Gloire, Evan, Evoé, &c.

PLANCIPPE.

A ton pouvoir Penthée insulte ;
Sa famille venge son culte,
Elle brave l'effort de mille combattans.
Sous le Tirse ils tombent sans vie,
Et la Manade assouvie,
S'endort sur les corps palpitans.

Les DANAIDES.

O Bacchus, Evoé, celles dont ton ivresse,
Dont tes fureurs, &c.

SCENE V.

DANAUS, les DANAIDES.

DANAUS.

Mes filles, chers objets de ma reconnoissance,
Ma haine est trahie : armez-vous ;
Courez achever ma vengeance,
Une victime échappe à mon courroux.

Les DANAIDES, *l'entourent avec fureur.*

Quel Palais faut-il mettre en cendre ?
Nommez le sein qu'il faut percer.
Parlez ! quel sang faut-il verser ?
Tous nos cœurs brûlent d'en répandre.

DANAUS.

Hypermnestre à ma haine a soustrait son époux ;
Caché dans ce Palais à la faveur de l'ombre,
Je le cherche en vain, la nuit sombre
Dérobe le traître à mes coups.

Les DANAIDES.

Sous nos coups pressés qu'il expire !
Chaque moment qu'il respire
Est un reproche pour nos cœurs.
Courons assouvir nos fureurs.

(*Elles sortent.*

SCENE VI.
DANAUS, seul.

Dieux, auriez vous trahi mon espérance,
Et souftrait Lincée à mes coups !
Dieux cruels ! à la moindre offense,
Vos foudres éclatent fur nous.
Vous vous enivrez, Dieux jaloux,
Du doux plaifir de la vengeance ;
Cette fuprême jouiffance,
Pour vous feuls la réfervez-vous !

SCENE VII.
DANAUS, deux OFFICIERS, qui entrent l'un après l'autre.

Un OFFICIER.

Seigneur, Lincée accourant du rivage,
Suivi de ces foldats, s'avance vers ces lieux.

DANAUS.

Marchons, je vais l'immoler à vos yeux.

L'OFFICIER.

Vos filles ont voulu lui fermer le paffage,
Tout leur fang répandu vient d'expier leur rage,
Et d'appaiſer le fang de leurs époux.

DANAUS.

O Dieux !

L'OFFICIER.

Tout fuit, ou tombe fous fes coups.

DANAUS.

De mes Gardes épars raffemblez les cohortes,
Suivez-moi.

Un second OFFICIER.

Du Palais on attaque les portes.

DANAUS.

Qu'on amène Hypermneſtre, oui, je veux l'immoler.
Oui, que fon cri de mort dans mon cœur retentiffe,
Et que ma fureur s'adouciffe,
En voyant tout fon fang couler.

SCENE VIII.
HYPERMNESTRE, DANAUS, GARDES.

DANAUS.

Tu t'applaudis du piege où tu m'as conduit ;
Mais perfide ! de ton crime
Tu te flattais en vain de recueillir le fruit.
HYPERMNESTRE.
Vous qui me connaissez, Dieux ! rendez-moi justice.
DANAUS.
Qu'on l'immole à mes yeux ! frappez, qu'on m'obéisse !

SCENE IX.
Un troisieme OFFICIER, accourant.

Déja de votre appartement
La barriere est forcée.
Vos sujets révoltés se sont joints à Lincée ;
Pour fuir, Seigneur, vous n'avez qu'un moment.
DANAUS.
Il n'est donc plus en ma puissance
De m'immoler Lincée, & d'éviter la mort ;
Mais avant que le traître ordonne de mon sort,
Je jouirai du moins d'une double vengeance.
(Il tire son epée pour en percer Hypermnestre.)
Perfide ! meurs.

SCENE X.
Les Acteurs Précédens, PELAGUS en suite,
LINCÉE, &c.

PELAGUS, *frappant Danaus.*

Cruel ! tiens, reçois : falaire
Que tes forfaits ont mérité,
Et le prix de ta cruauté.
(Il le pousse dans la coulisse, où il le tue.)
HYPERMNESTRE.
Arrêtez.
LINCÉE, *entrant.*
Hypermnestre.
HYPERMNESTRE, *égarée.*
O Dieux ! sauvez mon pere.

PÉLAGUS, *rentrant.*

Le barbare n'est plus.

HYPERMNESTRE.

Ah! cruel! je me meurs.
(*Elle tombe évanouie.*)

LINCÉE.

Eloignez-la de ces scenes d'horreur.
Et rappellez ses yeux à la lumiere.
Mes freres sont vengés ; j'ai puni les forfaits ;
Le ciel a conservé les jours de ce que j'aime.
Rendons graces aux Dieux de leur bonté suprême.

LE CHŒUR.

Rendons graces aux Dieux de leur bonté suprême.
(*Le Théâtre s'obscurcit.*)

LINCÉE.

Mais du courroux du ciel quels terribles effets!
(*La terre tremble, on entend le tonnerre.*)

SCENE XI.

LINCÉE & LE CHŒUR.

La terre tremble, le ciel gronde,
Entendez-vous la foudre retentir ?
L'enfer s'ouvre pour engloutir
Ces lieux de sang sous sa voûte profonde.
Fuyons vers la terre féconde,
De l'heureux Empire d'Isis,
Conduisons Hypermnestre au Palais de Memphis.

(*Le Palais écrasé par la foudre, & dévoré par les flâmes, s'abime & disparoît. La décoration change & représente les Enfers. On voit le Tartare roulant des flots de sang sur ses bords, & au milieu du Théâtre, Danaus paroît enchaîné sur un rocher ; ses entrailles sanglantes sont dévorées par un Vautour, & sa tête est frappée de la foudre à coups redoublés. Les Danaides sont les unes enchaînées par grouppes, tourmentées par les Démons, & dévorées par des serpens ; les autres poursuivies par des furies, remplissent le Théâtre de leurs mouvemens & de leurs cris ; une pluie de feu tombe perpétuellement ; le tout forme une Pantomime du genre le plus terrible.*)

SCENE DERNIERE.

CHŒUR des DANAIDES.

Quelle rigueur! quels tourmens inouis!
Cessez, cessez, Dieu du Ténare,

TRAGEDIE-LYRIQUE.

Quel plaisir barbare
Prenez-vous à nos cris!

CHŒUR des DEMONS.

Jamais, filles dénaturées,
Vos supplices ne finiront.
D'affreux serpens se nourriront
Vos entrailles déchirées,
Et toujours elles renaîtront
Pour être toujours dévorées.

(à Danaus.)

Et toi, dont sur la terre, en proie à ta fureur,
La haine avait déja commencé le supplice,
Qu'ici ta cruauté s'unisse
A celle du Vautour qui déchire ton cœur.

CHŒUR des DANAIDES.

Quelle rigueur ! quels tourmens inouis !
Cessez, &c.

CHŒUR des DEMONS.

Jamais, filles dénaturées,
Vos supplices ne finiront.
D'affreux serpens se nourriront
De vos entrailles déchirées,
Et toujours elles renaîtront
Pour être toujours dévorées.

Eprouvez des tourmens sans relâche, sans fin,
Subissez l'arrêt du destin.

(La toile baisse.)

FIN.

Se vend chez Fontanel Libraire, rue du Gouvernement, privilégié pour la vente des Ouvrages Dramatiques & Lyriques, dans l'intérieur de la Salle des Spectacles à Montpellier.

www.ingramcontent.com/pod-product-compliance
Lightning Source LLC
Chambersburg PA
CBHW060602050426
42451CB00011B/2043